하루 한장

초성퀴즈
초등 속담쓰기

배려소통이 자란다

최경일 지음

테크빌교육

지은이 최경일

최경일 선생님은 퀴즈배틀, 퀴즈앤, 그림책 읽어주기,
원격영상 진로멘토링, 플립그리드를 적용한 국내 및
국제 교류 수업 등 에듀테크를 수업에 버무리는 활동에
관심이 많은 울산의 초등학교 교사입니다.

울산 성안초등학교 교사
교육정보화 유공교사 교육부장관 표창 2회 수상(2008, 2010)
스마트교육학회 수업 페스티벌 프로그램 기획(2013~14)
『세계명작 컬러링북』, 『전래동화 컬러링북』, 『공룡시대 컬러링북』,
『열두 띠 동물 컬러링북』 기획(2020)

최경일 쌤 블로그

배려소통이 자란다

초판 발행 2022년 7월 20일
지은이 최경일
그린이 김보경
펴낸이 이형세
펴낸곳 테크빌교육㈜
책임편집 권민서 | **디자인** 고희선 | **영상** 권덕희
테크빌교육 출판 서울시 강남구 언주로 551, 5층 | **전화** (02)3442-7783

ISBN 979-11-6346-154-8 73700
책값은 뒤표지에 있습니다.

테크빌교육 채널에서 교육 정보와 다양한 영상 자료, 이벤트를 만나세요!

블로그 blog.naver.com/njoyschoolbooks   **페이스북** facebook.com/teacherville
티처빌 teacherville.co.kr   **키즈티처빌** kids.teacherville.co.kr
쌤동네 ssam.teacherville.co.kr   **티처몰** shop.teacherville.co.kr

이 책의 무단 전재와 무단 복제를 금합니다.
잘못 만들어진 책은 구입하신 서점에서 교환해드립니다.

머리말

재치 톡톡, 지혜 듬뿍
우리말 속담을 재미있게 익혀요!

우리말에는 재미있는 표현이 많아요. 그 중 속담은 재치 넘치는 표현이 많아서, 우리는 일상에서 속담을 자주 사용해요.

속담은 옛날부터 전해 내려온 교훈, 비판, 풍자 등을 담은 짧은 구절을 말해요. 속담 속에는 오랫동안 생활 속에서 알게 된 조상님의 지혜가 담겨 있지요. 예를 들어 '우물 안 개구리'는 우물 속에서 나고 자란 개구리가 하는 행동을 자세히 관찰해 보니, 좁고 얕은 지식으로 알은체하는 사람들의 모습과 딱 맞아 떨어졌기 때문에 생겨난 표현이에요. 이처럼 속담에는 우리 삶을 비추는 표현이 많이 들어 있어요.

이렇게 재미있는 속담을 익히면, 우리말 어휘력이 쑥쑥 자라요. 예를 들어 '겸손하다'라는 표현도 '벼 이삭은 익을수록 고개를 숙인다'로도 표현할 수 있게 되는 것이에요. 또 함께 힘을 합하자고 말하고 싶을 때는 '백지장도 맞들면 낫다'라는 속담을 써서 상대방을 설득할 수도 있지요. 이렇게 속담을 알면 이야기를 나눌 때나 책을 읽을 때, 그 내용을 잘 이해하고 적절하게 자기 마음을 표현할 수 있어요.

이 책에는 우리가 가족들과 지내면서, 학교에서 친구/선생님과 지내면서 겪게 되는 상황에서 갖추어야 할 배려와 소통에 관한 속담이 담겨 있어요. 우리는 가끔 내 마음과 다르게 상대방을 배려하지 못하는 경우가 많아요. 또 내 마음을 잘 표현하지 못해서 친구들과 소통에 어려움을 겪기도 하지요. 이럴 때는 이 책에 담긴 속담을 익혀서 친구들과 이야기해 보세요. '가는 말이 고와야 오는 말이 곱듯이' 내가 먼저 남을 배려하고 열린 마음으로 친구들과 소통할 때, 여러분은 한 뼘 더 자랄 수 있을 거예요.

'구슬이 서 말이라도 꿰어야 보배'겠지요? 이 책을 읽으면서 재미있게 우리말 속담을 익힐 수 있기를 바라요.

여러분의 벗,
최경일 선생님이

차례

무럭무럭 칭찬표   3
머리말   4

1주   말조심

1. 가는 말이 고와야 오는 말이 곱다   10
2. 말 한마디에 천 냥 빚도 갚는다   12
3. 호랑이도 제 말 하면 온다   14
4. 낮말은 새가 듣고 밤말은 쥐가 듣는다   16
5. 되로 주고 말로 받는다   18

어휘력 쑥쑥 속담 문제 1   20
지혜 퐁퐁 속담 이야기 1   22

2주   우정

6. 윗물이 맑아야 아랫물이 맑다   24
7. 가지 많은 나무에 바람 잘 날 없다   26
8. 가재는 게 편   28
9. 바늘 가는 데 실 간다   30
10. 백지장도 맞들면 낫다   32

어휘력 쑥쑥 속담 문제 2   34
지혜 퐁퐁 속담 이야기 2   36

3주 욕심

11	도둑이 제 발 저리다	38
12	믿는 도끼에 발등 찍힌다	40
13	콩으로 메주를 쑨다 하여도 곧이듣지 않는다	42
14	누워서 침 뱉기	44
15	똥 묻은 개가 겨 묻은 개 나무란다	46

어휘력 쑥쑥 속담 문제 3   48
지혜 퐁퐁 속담 이야기 3   50

4주 관계

16	될성부른 나무는 떡잎부터 알아본다	52
17	길고 짧은 것은 대어 보아야 안다	54
18	등잔 밑이 어둡다	56
19	빈 수레가 요란하다	58
20	미꾸라지 한 마리가 온 웅덩이를 흐려 놓는다	60

어휘력 쑥쑥 속담 문제 4   62
지혜 퐁퐁 속담 이야기 4   64

부록
도움 답안   66
초성퀴즈 속담카드   67

1주

말조심

공부할 내용

1	가는 말이 고와야 오는 말이 곱다	월	일	✓
2	말 한마디에 천 냥 빚도 갚는다	월	일	☐
3	호랑이도 제 말 하면 온다	월	일	☐
4	낮말은 새가 듣고 밤말은 쥐가 듣는다	월	일	☐
5	되로 주고 말로 받는다	월	일	☐

1 가는 ㅁ이 고와야 오는 ㅁ이 곱다

해설 영상

뜻 내가 남에게 잘해야 남도 나에게 잘한다는 뜻이에요.

#고운 말
#예의

'고마워', '사랑해'라는 말을 들으면 어떤 기분이 드나요? 아마 상대에게 좋은 말로 대답하고 싶을 거예요. 반대로 '미워', '싫어' 같은 말을 들으면 기분이 좋지 않을 거예요. 이 속담은 상대가 좋은 말을 하거나 좋은 태도를 보이면 나 역시 상대에게 잘 대해주고 싶은 마음이 드는 것을 말해요. 내가 먼저 예의를 지키며 고운 말을 사용해야 상대방도 나에게 친절을 베푼다는 것, 잊지 마세요!

낱말 익힘

곱다 모양이나, 행동이 보기 좋고 아름답다.
상대 서로 마주하고 있는 사람.
예의 상대를 존중하는 말투나 몸가짐.

1 속담을 큰 소리로 읽고 바르게 쓰세요.

| 가 | 는 | ∨ | 말 | 이 | ∨ | 고 | 와 | 야 | ∨ | 오 | 는 |
| ∨ | 말 | 이 | ∨ | 곱 | 다 | | | | | | |

| 가 | 는 | ∨ | 말 | 이 | ∨ | 고 | 와 | 야 | ∨ | 오 | 는 |
| ∨ | 말 | 이 | ∨ | 곱 | 다 | | | | | | |

| | | ∨ | | | ∨ | | | | ∨ | | |
| ∨ | | ∨ | | | | | | | | | |

2 속담을 바르게 사용한 문장을 고르세요.

① 쉿! 조용히 말해. 가는 말이 고와야 오는 말이 곱다 잖아.
② 누구에게든 함부로 말하면 안 돼. 가는 말이 고와야 오는 말이 곱다 잖아.

3 속담을 넣어 나만의 문장을 써 보세요.

4 비슷한 표현을 따라 쓰고, 그 뜻을 알아 보세요.

가루는 칠수록 고와지고 말은 할수록 거칠어진다

뜻 말을 많이 할수록 싸움을 하기 쉽다는 말이에요.
'치다'는 가루 등을 체로 흔들어서 곱게 만드는 것을 말해요.

2 ㅁ 한마디에 천 냥 ㅂ도 갚는다

해설 영상

뜻 말을 잘하면 어려운 일도 해결할 수 있다는 뜻이에요.

#고운 말
#공손

'냥'은 예전 조상님들이 쓰던 돈의 단위예요. 천 냥은 어마어마하게 큰돈을 말하지요. 천 냥이나 되는 큰 빚을 말 한마디로 갚을 수 있다고요? 물론 부풀려 표현한 말이지만, 그만큼 말을 공손하고 조리 있게 하면 어려운 일이나 불가능해 보이는 일도 해결할 수 있다는 뜻이에요.

낱말 익힘

큰돈 액수가 많은 돈.
공손하다 말이나 행동이 예의 바르다.
조리 있다 말이나 행동에서 앞뒤가 들어맞다.

1 속담을 큰 소리로 읽고 바르게 쓰세요.

| 말 | ∨ | 한 | 마 | 디 | 에 | ∨ | 천 | ∨ | 냥 | ∨ | 빚 |
| 도 | ∨ | 갚 | 는 | 다 | | | | | | | |

| 말 | ∨ | 한 | 마 | 디 | 에 | ∨ | 천 | ∨ | 냥 | ∨ | 빚 |
| 도 | ∨ | 갚 | 는 | 다 | | | | | | | |

| | ∨ | | | | | ∨ | | ∨ | | ∨ | |
| | ∨ | | | | | ∨ | | | | | |

2 속담을 바르게 사용한 문장을 고르세요.

① 이 세상에 비밀이 어디 있니? 말 한마디에 천 냥 빚도 갚는다 잖아.

② 말 한마디에 천 냥 빚도 갚는다 잖니. 네가 잘못했으면 솔직하게 사과하는 것이 좋아.

3 속담을 넣어 나만의 문장을 써 보세요.

_____

_____

4 반대 표현을 따라 쓰고, 그 뜻을 알아 보세요.

되로 주고 말로 받는다

뜻 조금 주고 그 대가로 몇 곱절이나 많이 받는 경우를 빗댄 말이에요.

3 호랑이도 제 말 하면 온다

해설 영상

뜻 어느 곳에서나 그 자리에 없다고 남을 흉보아서는 안 된다는 말이에요.

#흉보기
#말조심

깊은 산속에 사는 호랑이도 자기에 대하여 이야기하는 게 들리면 냉큼 달려온대요. 흉본 사람은 얼마나 놀랐을까요? 이 속담은 남에 대해 이야기하는데 공교롭게 그 사람이 나타나는 것을 빗대어 표현한 말이에요. 자리에 없다고 다른 사람을 흉보아서는 안 되겠지요?

낱말 익힘

제 '자기의'를 줄인 말.
흉보다 남의 결점을 들어 말하다.
공교롭다 생각지 않았던 일이 우연히 일어난 것이 정말 신기하다.

1 속담을 큰 소리로 읽고 바르게 쓰세요.

호	랑	이	도	∨	제	∨	말	∨	하	면	∨
온	다										

호	랑	이	도	∨	제	∨	말	∨	하	면	∨
온	다										

				∨		∨		∨			∨

2 속담을 바르게 사용한 문장을 고르세요.

① **호랑이도 제 말 하면 온다** 고, 네 녀석이 감히 나한테 팔씨름을 하자고 하다니.

② **호랑이도 제 말 하면 온다** 더니, 재윤이 흉을 보고 있는데 갑자기 재윤이가 들어왔어.

3 속담을 넣어 나만의 문장을 써 보세요.

---

4 비슷한 표현을 따라 쓰고, 그 뜻을 알아 보세요.

남의 말 하기는 식은 죽 먹기

뜻 남의 잘못을 드러내어 말하는 것은 아주 쉽다는 말이에요.

4 ㄴㅁ은 ㅅ가 듣고 ㅂㅁ은 ㅈ가 듣는다

해설 영상

뜻 비밀이라고 해도 반드시 남의 귀에 들어가게 되므로, 아무도 안 듣는 곳이라도 항상 말조심하라는 뜻이에요.

#비밀
#말조심

여러분은 비밀스럽게 얘기했던 것이 친구들 모두가 알게 되어서 깜짝 놀란 적이 있을 거예요. 이 속담에서 '낮말'은 낮에 하는 말, '밤말'은 밤에 하는 말로, 언제든 말은 새 나가기 마련이라는 뜻이에요. 세상에 비밀은 없어요. 그러니 아무리 안 듣는 곳이라도 항상 말조심하는 것이 좋겠지요?

낱말 익힘
새 나가다 좁은 틈 사이로 빠져나가다.
마련이다 꼭 그러하다.

1 속담을 큰 소리로 읽고 바르게 쓰세요.

| 낮 | 말 | 은 | V | 새 | 가 | V | 듣 | 고 | V | 밤 | 말 |
| 은 | V | 쥐 | 가 | V | 듣 | 는 | 다 | | | | |

| 낮 | 말 | 은 | V | 새 | 가 | V | 듣 | 고 | V | 밤 | 말 |
| 은 | V | 쥐 | 가 | V | 듣 | 는 | 다 | | | | |

| | | | V | | | V | | | V | | V |
| | V | | | V | | | | | | | |

2 속담을 바르게 사용한 문장을 고르세요.

① **낮말은 새가 듣고 밤말은 쥐가 듣는다** 잖니. 그러니 네가 먼저 친구에게 잘해 주렴.
② **낮말은 새가 듣고 밤말은 쥐가 듣는다** 더니, 내가 거짓말한 걸 엄마가 어떻게 아셨지?

3 속담을 넣어 나만의 문장을 써 보세요.

4 비슷한 표현을 따라 쓰고, 그 뜻을 알아 보세요.

발 없는 말이 천 리 간다

뜻 말은 금방 쉽게 퍼지니 말조심하라는 말이에요.

5 ㄷ로 주고 ㅁ로 받는다

해설 영상

뜻 조금 주고 그 대가로 몇 곱절이나 많이 되돌려 받는다는 뜻이에요.

#되갚음

'되'와 '말'은 곡식 등의 부피를 재는 단위예요. 10되가 1말이지요. 이처럼 곡식을 한 되를 주었는데 열 곱절로 되돌려 받는다면 얼마나 신날까요? 친구에게 100원을 빌려주었는데 1000원을 갚았을 때 쓸 수 있는 속담이에요. 하지만 대개는 나쁜 행동을 했을 때 그보다 더한 것으로 되돌려 받는다는 뜻으로 씁니다.

낱말 익힘

되, 말 곡식이나 가루 등의 부피를 재는 단위. 10되가 1말.
곱절 일정한 수나 양이 그 수만큼 거듭된 만큼.

1 속담을 큰 소리로 읽고 바르게 쓰세요.

| 되 | 로 | ∨ | 주 | 고 | ∨ | 말 | 로 | ∨ | 받 | 는 | 다 |

| 되 | 로 | ∨ | 주 | 고 | ∨ | 말 | 로 | ∨ | 받 | 는 | 다 |

| 되 | 로 | ∨ | 주 | 고 | ∨ | 말 | 로 | ∨ | 받 | 는 | 다 |

| | | ∨ | | | ∨ | | | ∨ | | | |

2 속담을 바르게 사용한 문장을 고르세요.

① 되로 주고 말로 받는다 더니, 너희가 도와준 덕분에 청소를 금방 마쳤어.
② 되로 주고 말로 받는다 더니, 동생 골탕 먹이려다가 오히려 엄마한테 혼나고 말았어.

3 속담을 넣어 나만의 문장을 써 보세요.

'개' 중에서 가장 아름다운 개는?

정답 무지개

어휘력 쑥쑥 속담 문제 1주

빈칸에 들어갈 낱말을 보기에서 골라 속담을 완성하세요.

| 보기 | 쥐 | 되 | 말 | 새 | 호랑이 |

1. ☐ 도 제 말 하면 온다

2. 낮말은 ☐ 가 듣고 밤말은 ☐ 가 듣는다

3. ☐ 로 주고 ☐ 로 받는다

다음 질문에 알맞은 답을 고르세요.

4 "가는 말이 고와야 오는 말이 곱다"의 뜻으로 알맞은 것은 무엇일까요?

① 내가 남에게 잘해야 남도 나에게 잘한다는 뜻이에요.

② 말을 잘하면 천 냥이나 되는 큰 빚도 갚을 수 있다는 뜻이에요.

③ 어느 곳에서나 그 자리에 없다고 남을 흉보아서는 안 된다는 말이에요.

5 "호랑이도 제 말 하면 온다"와 비슷한 뜻을 가진 속담은 무엇일까요?

① 되로 주고 말로 받는다

② 남의 말 하기는 식은 죽 먹기

③ 가루는 칠수록 고와지고 말은 할수록 거칠어진다

6 "되로 주고 말로 받는다"에서 "말"의 뜻으로 알맞은 것은 무엇일까요?

① 곡식이나 액체 등 부피를 재는 단위.

② 사람이 자기 생각을 입과 소리를 통해 표현하는 것.

③ 사람을 태우거나 물건을 실어 이동하는 것을 돕는 초식 동물.

돌쇠가 건넨 고기, 이 서방이 건넨 고기

옛날 어느 마을에 푸줏간을 하는 돌쇠가 살았어요. 돌쇠는 아침부터 부지런히 고기를 다듬고 있었지요. 그때 윗마을에 사는 욕심쟁이 김 부자가 가게로 들어왔어요.

"이놈, 돌쇠야!"

김 부자는 다짜고짜 반말로 돌쇠를 불렀어요. 돌쇠는 기분이 나빴지만 웃으며 대답했어요.

"예, 김 부자님. 무엇을 드릴까요?"

김 부자는 고기를 뒤적거리며 툴툴댔어요.

"고기가 오래된 것 같구먼. 맘에 안 들지만 한 근만 줘라."

돌쇠는 겨우 화를 참고 고기를 썰어 김 부자에게 건넸어요.

그때 마침 최 영감도 고기를 사러 왔어요. 최 영감은 가게에 들어서며 이렇게 말했어요.

"이보게, 이 서방. 잘 지냈는가?"

최 영감의 인사에 돌쇠는 찡그리고 있던 얼굴을 풀고 반갑게 인사했어요.

"이 서방, 이 고기가 참 맛있어 보이네. 이것으로 한 근만 주게!"

돌쇠는 냉큼 달려가 최 영감이 고른 고기를 썰기 시작했어요. 가는 말이 고와야 오는 말이 곱다고, 마음이 훈훈해진 돌쇠는 두툼하게 고기를 잘랐어요.

가게를 나서다 최 영감의 고깃덩이를 본 김 부자는 돌쇠에게 벌컥 화를 냈어요.

"예끼! 이놈, 돌쇠야. 같은 한 근인데 왜 최 영감 것만 더 크냐?"

그러자 돌쇠는 콧방귀를 뀌며 대답했어요.

"김 부자님 것은 돌쇠가 주는 한 근이고, 최 영감님 것은 이 서방이 주는 한 근이라 그렇습니다."

"뭐, 뭐야?"

얼굴이 달아오른 김 부자는 고개를 들지 못했어요.

2주

우정

공부할 내용

6	윗물이 맑아야 아랫물이 맑다	월 일	✓
7	가지 많은 나무에 바람 잘 날 없다	월 일	☐
8	가재는 게 편	월 일	☐
9	바늘 가는 데 실 간다	월 일	☐
10	백지장도 맞들면 낫다	월 일	☐

6 ㅇㅁ이 맑아야 ㅇㄹㅁ이 맑다

해설 영상

> **뜻** 윗사람이 먼저 바르게 행동해야 아랫사람도 본받아 잘한다는 뜻이에요.

#가족
#본보기

여러분은 계곡에 가 본 적 있나요? 계곡물은 위에서 아래로 흐르기 때문에, 위쪽에서 빨래를 하면 아래쪽 물도 더러워지지요. 사람들도 계곡물과 마찬가지로, 윗사람이 먼저 바르게 행동해야 아랫사람도 본받아 잘한답니다. 내가 형님이라면 동생이 본받을 수 있도록 바르게 행동해야겠지요?

낱말 익힘
윗사람 나이나 지위가 높은 사람.
본받다 본보기로 하여 그대로 따라 하다.

1 속담을 큰 소리로 읽고 바르게 쓰세요.

| 윗 | 물 | 이 | ∨ | 맑 | 아 | 야 | ∨ | 아 | 랫 | 물 | 이 |
| ∨ | 맑 | 다 | | | | | | | | | |

| 윗 | 물 | 이 | ∨ | 맑 | 아 | 야 | ∨ | 아 | 랫 | 물 | 이 |
| ∨ | 맑 | 다 | | | | | | | | | |

| | | | ∨ | | | | ∨ | | | | |
| ∨ | | | | | | | | | | | |

2 속담을 바르게 사용한 문장을 고르세요.

① **윗물이 맑아야 아랫물이 맑다** 고 하니, 동생 앞에서는 나부터 고운 말을 써야지!

② **윗물이 맑아야 아랫물이 맑다** 고, 너는 왜 엄마 편을 들었다가 아빠 편을 들었다가 하니?

3 속담을 넣어 나만의 문장을 써 보세요.

4 비슷한 표현을 따라 쓰고, 그 뜻을 알아 보세요.

부모가 착해야 효자 난다

뜻 윗사람이 잘해야 그것을 보고 아랫사람도 잘한다는 말이에요.

7 가지 많은 ㄴㅁ에 ㅂㄹ 잘 날 없다

해설 영상

뜻 자식을 많이 둔 어버이에게는 근심, 걱정이 끊일 날이 없다는 뜻이에요.

#가족
#내리사랑

가지가 많은 나무는 조금만 바람이 불어도 나뭇잎과 가지가 흔들리지요. 가족도 마찬가지예요. 자식을 많이 둔 부모님은 자식들 걱정 때문에 근심이 끊일 날이 없지요. 꼭 부모님이 아니더라도, 가족끼리는 서로 걱정을 나누어 지지요. 이것은 가족의 사랑은 이만큼 크다는 것을 표현한 속담이에요.

낱말 익힘

가지 나무나 풀의 원줄기에서 뻗어 나온 줄기.

근심 어떤 일이 풀리지 않아 속을 태우거나 우울해함.

1 속담을 큰 소리로 읽고 바르게 써 봅시다.

가	지		많	은		나	무	에		바	람
	잘		날		없	다					

가	지		많	은		나	무	에		바	람
	잘		날		없	다					

2 속담을 바르게 사용한 문장을 고르세요.

① 가지 많은 나무에 바람 잘 날 없다 더니, 어제는 첫째가, 오늘은 둘째가 다쳤어요.
② 가지 많은 나무에 바람 잘 날 없다 는 말이 있어. 네가 고운 말을 쓰면 동생도 따라 고운 말을 쓸 거야.

3 속담을 넣어 나만의 문장을 써 보세요.

4 비슷한 표현을 따라 쓰고, 그 뜻을 알아 보세요.

열 손가락 깨물어 안 아픈 손가락 없다

뜻: 부모는 자식이 많아도 전부 소중하게 여긴다는 말이에요.

8 ㄱㅈ는 ㄱ 편

해설 영상

뜻 모양이나 형편이 서로 비슷한 것끼리 서로 잘 어울리고, 사정을 보아주며 감싸 주기 쉽다는 뜻이에요.

#친구
#우정

가재와 게는 생긴 모양이나 특징, 사는 곳 등 비슷한 점이 많아요. 이 속담은 사정이나 형편이 비슷한 사람들끼리 서로 어울리기가 쉬워서, 서로 돕거나 편을 들어줄 때 쓴답니다. 친구 사이에 서로 돕는 것은 좋지만, 단지 친하다는 이유로 무조건 편드는 것은 옳지 않아요. 옳고 그른 것이 무엇인지 스스로 생각하고 그에 맞게 행동하도록 하세요!

낱말 익힘

편들다 어떤 편을 돕거나 두둔하다.

1 속담을 큰 소리로 읽고 바르게 쓰세요.

| 가 | 재 | 는 | ∨ | 게 | ∨ | 편 | | | | |

| 가 | 재 | 는 | ∨ | 게 | ∨ | 편 | | | | |

| 가 | 재 | 는 | ∨ | 게 | ∨ | 편 | | | | |

| | | | ∨ | | ∨ | | | | | |

2 속담을 바르게 사용한 문장을 고르세요.

① 아빠가 먼저 약속을 지키세요. **가재는 게 편** 이라잖아요!

② **가재는 게 편** 이라고, 동생을 혼냈다고 너가 감싸는 거니?

3 속담을 넣어 나만의 문장을 써 보세요.

4 비슷한 표현을 따라 쓰고, 그 뜻을 알아 보세요.

유유상종   類 무리 류 類 무리 류 相 서로 상 從 따를 종

뜻 비슷한 사람끼리 어울린다는 뜻이에요.

9 바늘 가는 데 실 간다

해설 영상

뜻 서로 친밀한 사이를 뜻하는 말이에요.

바늘아, 같이 가!

#친구
#친밀

바늘은 실이 있어야, 실은 바늘이 있어야 바느질을 할 수 있어요. 바늘과 실 중에 어느 하나라도 없으면 제구실을 할 수 없지요. 이 속담은 떨어지지 않고 언제든지 함께하는 바늘과 실처럼 서로 아주 가까운 단짝을 말해요.

낱말 익힘

제구실
제가 마땅히 해야 할 일이나 책임.

1 속담을 큰 소리로 읽고 바르게 쓰세요.

바	늘	∨	가	는	∨	데	∨	실	∨	간	다
바	늘	∨	가	는	∨	데	∨	실	∨	간	다
바	늘	∨	가	는	∨	데	∨	실	∨	간	다
		∨			∨		∨		∨		

2 속담을 바르게 사용한 문장을 고르세요.

① **바늘 가는 데 실 간다** 고, 동생은 내가 하려는 건 뭐든지 같이 하려고 한다.
② **바늘 가는 데 실 간다** 고, 매일 붓글씨를 연습했더니 이제는 제법 잘 쓰게 되었어.

3 속담을 넣어 나만의 문장을 써 보세요.

---

4 비슷한 표현을 따라 쓰고, 그 뜻을 알아 보세요.

친구 따라 강남 간다

뜻 자기는 하고 싶지 않으나 남에게 끌려서 덩달아 하게 된다는 말이에요.

10 ㅂㅈㅈ도 맞들면 낫다

해설 영상

뜻 아무리 쉬운 일이라도 서로 힘을 합하면 훨씬 쉽다는 뜻이에요.

#친구
#협동

'백지장'은 흰 종이 한 장을 말해요. 백지장처럼 아주 가벼운 것일지라도 함께 들면 더 가볍겠지요? 힘든 일은 물론, 혼자서 할 수 있는 쉬운 일일지라도 누군가 옆에서 돕겠다고 나서면 정말 힘이 나지요. 이처럼 어려운 일이든 쉬운 일이든 힘을 합해 하는 것은 좋은 일이에요.

낱말
익힘

맞들다
물건을 양쪽에서 마주 들다.

1 속담을 큰 소리로 읽고 바르게 쓰세요.

| 백 | 지 | 장 | 도 | ∨ | 맞 | 들 | 면 | ∨ | 낫 | 다 | |

| 백 | 지 | 장 | 도 | ∨ | 맞 | 들 | 면 | ∨ | 낫 | 다 | |

| 백 | 지 | 장 | 도 | ∨ | 맞 | 들 | 면 | ∨ | 낫 | 다 | |

| | | | | ∨ | | | | ∨ | | | |

2 속담을 바르게 사용한 문장을 고르세요.

① **백지장도 맞들면 낫다** 는데, 우리 같이 방 청소를 하자.
② **백지장도 맞들면 낫다** 더니, 혹부리 영감은 욕심을 부리다가 혹이 하나 더 붙었어요.

3 속담을 넣어 나만의 문장을 써 보세요.

4 비슷한 표현을 따라 쓰고, 그 뜻을 알아 보세요.

십시일반　＋ 匙 열십 숟가락시　一 한일 飯 밥반

뜻　밥 열 숟가락이 모여 한 그릇이 된다는 뜻으로, 협동의 중요성을 표현한 말이에요.

 2주

빈칸에 들어갈 낱말을 보기에서 골라 속담을 완성하세요.

보기	게	천	바늘	가재	강물	아랫물
	뱀	실	가위	새우	윗물	바닷물

1  ☐ 는 ☐ 편

2  ☐ 가는 데 ☐ 간다

3  ☐ 이 맑아야 ☐ 이 맑다

다음 질문에 알맞은 답을 고르세요.

4 "가지 많은 나무에 바람 잘 날 없다"의 뜻으로 알맞은 것은 무엇일까요?

① 모양이 비슷한 것끼리 서로 잘 어울린다는 뜻이에요.

② 자식을 많이 둔 부모는 걱정이 끊이지 않는다는 뜻이에요.

③ 아무리 쉬운 일이라도 서로 힘을 합하면 훨씬 쉽다는 뜻이에요.

5 "백지장도 맞들면 낫다"와 비슷한 뜻을 가진 고사성어는 무엇일까요?

① 유유상종(類類相從)

② 십시일반(十匙一飯)

③ 유비무환(有備無患)

6 "가지 많은 나무에 바람 잘 날 없다"에서 "잘"의 뜻으로 알맞은 것은 무엇일까요?

① 바람이 쿨쿨 잠을 자다.

② 옳고 바르게 되다.

③ 바람이나 물결 따위가 잠잠해지다.

우산 장수와 짚신 장수

옛날 어느 마을에 동가네와 서가네가 살았어요. 동가네는 마을 동쪽에, 서가네는 마을 서쪽에 살았지요.

동가네 어머니는 두 아들 때문에 하루도 마음 편할 날이 없었어요. 왜냐하면 큰아들은 우산 장수였고, 작은아들은 짚신 장수였기 때문이에요.

동가네 어머니는 날씨가 더운 날이면 하늘만 쳐다보았어요.

"아이고, 이렇게 날씨가 덥고 맑으니 큰애 우산이 안 팔리겠구나."

또 비가 오는 날이면 땅바닥만 쳐다보며 한숨을 내쉬었어요.

"아이고, 이렇게 비가 오니, 둘째 짚신이 안 팔리겠구나!"

==가지 많은 나무에 바람 잘 날 없다==고, 동가네 어머니는 매일같이 한숨을 내쉬었지요.

한편 서가네 역시 우산 장수와 짚신 장수를 하는 두 아들이 있었어요. 그런데 이상하게도 서가네 어머니는 두 아들 덕분에 얼굴에서 웃음이 떠나지 않았어요. 비가 올 때도, 날이 맑을 때도 항상 기분이 좋았지요.

어느 날 동가네 어머니와 서가네 어머니가 우물가에서 만났어요. 동가네 어머니가 걱정스러운 얼굴로 이렇게 말했어요.

"오늘은 날이 맑아서 어쩌지? 큰애 우산을 아무도 사지 않을 텐데."

이 말을 들은 서가네 어머니는 방긋 웃으며 대답했어요.

"하지만 둘째 아들의 짚신은 잘 팔릴 것 아니에요?"

이 말을 들은 동가네 어머니는 무릎을 쳤어요.

"비가 오는 날은 큰애 우산이 잘 팔리고, 날이 맑은 날은 둘째 짚신이 잘 팔리겠어!"

그 후로 동가네 어머니는 아들들 걱정에서 벗어나 마음 편히 지낼 수 있었어요.

3주

욕심

공부할 내용

11	도둑이 제 발 저리다	월	일	✓
12	믿는 도끼에 발등 찍힌다	월	일	☐
13	콩으로 메주를 쑨다 하여도 곧이듣지 않는다	월	일	☐
14	누워서 침 뱉기	월	일	☐
15	똥 묻은 개가 겨 묻은 개 나무란다	월	일	☐

ㄷㄷ이 제 ㅂ 저리다

해설 영상

뜻 죄를 지은 사람은 자기 죄가 드러날까봐 두려워하다가, 결국은 자기도 모르는 사이에 그것을 드러내게 된다는 뜻이에요.

콩이가 실수로 컵을 깨뜨렸어요. 엄마에게 혼날까봐 깨진 컵을 숨겼어요. 엄마가 부엌으로 들어오자 콩이는 가슴이 콩닥거리고 얼굴이 빨개졌어요. 이처럼 잘못을 저지르면 자기 잘못을 들키게 될까 봐 마음이 조마조마해져서 표정이나 행동으로 드러내고 말아요. 이 속담처럼 말이에요.

낱말 익힘
제 '자기의'의 줄임말.
저리다 피가 잘 통하지 않아 찌릿한 느낌이 들다.

1 속담을 큰 소리로 읽고 바르게 쓰세요.

| 도 | 둑 | 이 | ∨ | 제 | ∨ | 발 | ∨ | 저 | 리 | 다 |

| 도 | 둑 | 이 | ∨ | 제 | ∨ | 발 | ∨ | 저 | 리 | 다 |

| 도 | 둑 | 이 | ∨ | 제 | ∨ | 발 | ∨ | 저 | 리 | 다 |

| | | | ∨ | | ∨ | | ∨ | | | |

2 속담을 바르게 사용한 문장을 고르세요.

① 집에 돌아오면 손 씻는 습관을 들여야 해. 도둑이 제 발 저리다 잖아.
② 도둑이 제 발 저리다 고, 주연이는 거짓말한게 들킬까봐 얼굴이 빨개졌어요.

3 속담을 넣어 나만의 문장을 써 보세요.

4 비슷한 표현을 따라 쓰고, 그 뜻을 알아 보세요.

자라 보고 놀란 가슴 솥뚜껑 보고 놀란다

뜻 어떤 일에 몹시 놀란 사람은 그와 비슷한 것만 보아도 겁을 낸다는 말이에요.

12 믿는 ㄷㄲ에 ㅂㄷ 찍힌다

해설 영상

뜻 잘되리라고 믿고 있던 일이 잘못되거나, 믿고 있던 사람이 배반하여 오히려 해를 입는 것을 비유하는 말이에요.

#배신
#믿음

나무꾼이 나무를 하다가 그만 도끼를 떨어뜨려 자기 발등을 찍고 말았어요. 이 속담은 꼭 이루어질 것이라고 굳게 믿고 있던 일이 잘못되거나, 믿었던 사람이 등을 돌릴 때 쓰는 말이에요. 아무리 상대방을 잘 알고 믿음이 있더라도 자칫 잘못하면 큰 피해를 볼 수 있으니, 항상 조심하라는 교훈을 담고 있지요.

낱말 익힘

도끼 나무를 찍거나 쪼갤 때 쓰는 연장.
나무를 하다 땔감으로 쓰려고 나무를 장만하다.

1 속담을 큰 소리로 읽고 바르게 쓰세요.

| 믿 | 는 | ∨ | 도 | 끼 | 에 | ∨ | 발 | 등 | ∨ | 찍 | 힌 |
| 다 | | | | | | | | | | | |

| 믿 | 는 | ∨ | 도 | 끼 | 에 | ∨ | 발 | 등 | ∨ | 찍 | 힌 |
| 다 | | | | | | | | | | | |

| | | ∨ | | | | ∨ | | | ∨ | | |
| | | | | | | | | | | | |

2 속담을 바르게 사용한 문장을 고르세요.

① 믿는 도끼에 발등 찍힌다 고, 가장 믿었던 지수가 나에게 거짓말을 했어.
② 화분을 깨뜨린 것은 멍멍이가 분명해! 믿는 도끼에 발등 찍힌다 고, 저기 구석에 숨어 있잖아.

3 속담을 넣어 나만의 문장을 써 보세요.

4 비슷한 표현을 따라 쓰고, 그 뜻을 알아 보세요.

배은망덕   背 등질 배 恩 은혜 은 忘 잊을 망 德 클 덕

뜻 남의 은혜를 저버리고 고마움을 잊는다는 뜻이에요.

13 ㅋ으로 ㅁㅈ를 쑨다 하여도 곧이듣지 않는다

해설 영상

뜻 아무리 사실대로 말하여도 믿지 않음을 비유하는 말이에요.

#거짓말
#믿음

메주는 우리가 자주 먹는 된장을 만드는 재료예요. 메주는 당연히 콩으로 쑤어야 하지요. 이건 누구라도 당연하게 여기는 사실이에요. 이처럼 아무리 사실을 얘기해도 믿지 않을 때 이 속담을 써요. 거짓말을 자주 하는 사람들이 하는 말은 당연한 사실이라도 믿을 수 없지요. 그래서 이 속담에는 거짓말을 하면 안 된다는 교훈도 담고 있어요.

낱말 익힘

곧이듣다 남의 말을 그대로 믿다.
쑤다 곡식의 알이나 가루를 물에 끓여 익혀서 죽이나 메주 따위를 만들다.

1 속담을 큰 소리로 읽고 바르게 쓰세요.

콩	으	로	∨	메	주	를	∨	쑨	다	∨	하
여	도	∨	곧	이	듣	지	∨	않	는	다	

콩	으	로	∨	메	주	를	∨	쑨	다	∨	하
여	도	∨	곧	이	듣	지	∨	않	는	다	

			∨				∨			∨	
		∨				∨					

2 속담을 바르게 사용한 문장을 고르세요.

① 콩으로 메주를 쑨다 하여도 곧이듣지 않는다 고, 계획을 세웠으면 실천을 해야지.

② 자꾸 거짓말하면 못써. 그러면 사람들이 콩으로 메주를 쑨다 하여도 곧이듣지 않게 돼 .

3 속담을 넣어 나만의 문장을 써 보세요.

___

___

4 반대 표현을 따라 쓰고, 그 뜻을 알아 보세요.

팥으로 메주를 쑨대도 곧이듣는다

뜻: 남의 말을 곧이곧대로 지나치게 믿는다는 말이에요.

14 누워서 ㅊ 뱉기

해설 영상

뜻 남을 해치려고 하다가 도리어 자기가 해를 입는 것을 비유하는 말이에요.

#어리석음
#되갚음

침을 누워서 뱉는다면 그 침은 당연히 자기 얼굴에 떨어지겠죠? 침을 뱉는 것은 상대를 무시하는 마음을 표현하는 행동으로, 이 속담은 상대를 무시하고 해코지하려고 하다가 도리어 자기가 해를 입는 것을 말해요. 여러분은 이런 행동을 하면 안 되겠지요?

낱말 익힘

무시하다 사람을 깔보거나 업신여기다.
해코지하다 남을 해치고자 하다.

1 속담을 큰 소리로 읽고 바르게 쓰세요.

| 누 | 워 | 서 | ∨ | 침 | ∨ | 뱉 | 기 | | | |

| 누 | 워 | 서 | ∨ | 침 | ∨ | 뱉 | 기 | | | |

| 누 | 워 | 서 | ∨ | 침 | ∨ | 뱉 | 기 | | | |

| | | | ∨ | | ∨ | | | | | |

2 속담을 바르게 사용한 문장을 고르세요.

① 엄마한테 자꾸 동생 흉을 보면 어떡하니? 누워서 침 뱉기 야.
② 오랜만에 방청소를 했는데, 오백 원을 주웠어. 이게 바로 누워서 침 뱉기 지!

3 속담을 넣어 나만의 문장을 써 보세요.

_____
_____

4 비슷한 표현을 따라 쓰고, 그 뜻을 알아 보세요.

똥 묻은 개가 겨 묻은 개 나무란다

뜻 자기는 더 큰 흉이 있으면서 도리어 남의 작은 흉을 본다는 말이에요.

15 똥 묻은 개가 겨 묻은 개 나무란다

해설 영상

뜻 자기는 더 큰 흉이 있으면서 도리어 남의 작은 흉을 보는 것을 비유하는 말이에요.

#흉

콩이가 입에 초콜릿을 잔뜩 묻히고는 동이 흉을 보네요. 입가에 과자 부스러기가 묻었다고 말이에요. 이 속담은 자기에게 더 큰 결점이 있으면서 남이 지닌 작은 결점을 흉보는 태도를 나무라는 말이에요. 남의 단점을 흉보기보다 자신의 부족한 점을 채우려는 태도를 가져야겠지요?

낱말 익힘

겨 쌀알 등 곡식에서 벗겨 낸 얇고 작은 겉껍질로, 우리가 먹는 쌀은 겨를 벗겨낸 것이에요.

결점 잘못되거나 부족하여 완전하지 못한 점.

1 속담을 큰 소리로 읽고 바르게 쓰세요.

| 똥 | ∨ | 묻 | 은 | ∨ | 개 | 가 | ∨ | 겨 | ∨ | 묻 | 은 |
| ∨ | 개 | ∨ | 나 | 무 | 란 | 다 | | | | | |

| 똥 | ∨ | 묻 | 은 | ∨ | 개 | 가 | ∨ | 겨 | ∨ | 묻 | 은 |
| ∨ | 개 | ∨ | 나 | 무 | 란 | 다 | | | | | |

| | ∨ | | | ∨ | | | ∨ | | ∨ | | |
| ∨ | ∨ | | | | | | | | | | |

2 속담을 바르게 사용한 문장을 고르세요.

① 똥 묻은 개가 겨 묻은 개 나무란다 더니, 너가 나보다 더 많이 흘렸어.

② 이 송편을 정말 네가 만들었다고? 똥 묻은 개가 겨 묻은 개 나무란다 더니, 이런 재주가 있었네?

3 속담을 넣어 나만의 문장을 써 보세요.

4 비슷한 표현을 따라 쓰고, 그 뜻을 알아 보세요.

방귀 뀐 놈이 성낸다

뜻) 잘못을 저지른 쪽에서 오히려 남에게 화낸다는 말이에요.

빈칸에 들어갈 낱말을 보기에서 골라 속담을 완성하세요.

| 보기 | 콩 | 팥 | 발 | 도끼 | 도둑 | 메주 | 발등 |

1. ☐이 제 ☐ 저리다

2. 믿는 ☐에 ☐ 찍힌다

3. ☐으로 ☐를 쑨다 하여도 곧이듣지 않는다

다음 질문에 알맞은 답을 고르세요.

4 "누워서 침 뱉기"의 뜻으로 알맞은 것은 무엇일까요?

① 아무리 사실대로 말하여도 믿지 않음을 비유하는 말이에요.

② 남을 해치려고 하다가 도리어 자기가 해를 입는 것을 비유하는 말이에요.

③ 자기는 더 큰 흉이 있으면서 도리어 남의 작은 흉을 보는 것을 비유하는 말이에요.

5 "똥 묻은 개가 겨 묻은 개 나무란다"와 비슷한 뜻을 가진 속담은 무엇일까요?

① 방귀 뀐 놈이 성낸다

② 팥으로 메주를 쑨대도 곧이듣는다

③ 자라 보고 놀란 가슴 솥뚜껑 보고 놀란다

6 "똥 묻은 개가 겨 묻은 개 나무란다"에서 "겨"의 뜻으로 알맞은 것은 무엇일까요?

① 곡식을 빻은 가루.

② 벼처럼 생긴 키가 큰 풀.

③ 곡식을 찧어 벗겨 낸 껍질.

호랑이와 곶감

어느 날, 호랑이가 먹이를 찾아 마을로 내려왔어요. 어슬렁대다가 한 초가집 울타리 안으로 들어갔어요. 그 집에서는 밤늦도록 아이의 울음소리가 들렸어요. 엄마가 아무리 달래도 아이는 쉽사리 울음을 그치지 않았어요. 엄마는 아이를 다그치며 이렇게 말했어요.

"자꾸 울면 호랑이가 온다!"

하지만 아기는 계속해서 울었지요. 엄마는 아이를 달래며 다시 이렇게 말했어요.

"그러면 이게 뭐지? 곶감이네, 곶감!"

'곶감' 소리에 아이는 울음을 뚝 그쳤어요. 문밖에서 그 이야기를 듣고 있던 호랑이는 깜짝 놀랐어요. 호랑이가 온대도 울던 아이가 곶감이란 말에 울음을 딱 그쳤으니 말이에요.

'아니, 곶감이 뭐지? 나보다 더 무서운 놈인가 봐! 안 되겠다. 어서 도망가자!'

호랑이는 살금살금 외양간으로 숨었어요.

때마침 소를 훔치려 외양간으로 숨어든 도둑의 손에 두툼한 살집이 잡혔어요. 도둑은 기회를 놓치지 않고 잽싸게 호랑이의 목덜미를 꽉 잡고 그 등에 올라탔어요.

'곶감이 날 잡으러 왔나 보다!'

도둑이 제 발 저리다고, 호랑이는 그 도둑이 세상에서 제일 무서운 곶감인 줄 알고 냅다 외양간 우리를 박차고 내달렸어요. 호랑이가 내달릴수록 도둑은 더욱 목덜미를 꽉 움켜쥐었지요. 도둑이 목덜미를 움켜쥘수록 호랑이는 더욱 이리저리 날뛰었어요.

얼마나 달렸을까요? 먼동이 터오자 도둑은 자기가 호랑이 등에 올라탄 것을 알게 되었어요. 수풀 근처를 지날 때 도둑은 호랑이 등에서 내렸어요. 도둑은 한숨을 쉬며 이렇게 말했어요.

"휴, 하마터면 잡아먹힐 뻔했네!"

도둑을 등에서 떼어낸 호랑이도 한숨을 쉬며 이렇게 말했어요.

"휴, 하마터면 곶감한테 잡아먹힐 뻔했네!"

4주

관계

공부할 내용

16	될성부른 나무는 떡잎부터 알아본다	월 일	✓
17	길고 짧은 것은 대어 보아야 안다	월 일	
18	등잔 밑이 어둡다	월 일	
19	빈 수레가 요란하다	월 일	
20	미꾸라지 한 마리가 온 웅덩이를 흐려 놓는다	월 일	

16. 될성부른 ㄴㅁ는 ㄸㅇ부터 알아본다

해설 영상

뜻 잘될 사람은 어려서부터 남달리 장래성이 엿보인다는 말이에요.

#장래성
#격려

떡잎은 씨앗에서 싹이 터서 맨 처음 나온 잎을 말해요. 잘 자랄 것 같은 나무는 떡잎부터 푸릇푸릇하고 건강하지요. 사람도 마찬가지예요. 크게 될 사람은 어릴 때부터도 남다른 법이지요. 이 속담은 어린데도 남다른 구석이 있는 사람을 칭찬할 때 쓰는 말이에요.

낱말 익힘

될성부르다 잘될 가망이 있어 보이다.
떡잎 씨앗에서 움이 트면서 최초로 나오는 잎.

1 속담을 큰 소리로 읽고 바르게 쓰세요.

| 될 | 성 | 부 | 른 | ∨ | 나 | 무 | 는 | ∨ | 떡 | 잎 | 부 |
| 터 | ∨ | 알 | 아 | 본 | 다 |

| 될 | 성 | 부 | 른 | ∨ | 나 | 무 | 는 | ∨ | 떡 | 잎 | 부 |
| 터 | ∨ | 알 | 아 | 본 | 다 |

| | | | | ∨ | | | | ∨ | | | |
| | ∨ | | | | |

2 속담을 바르게 사용한 문장을 고르세요.

① **될성부른 나무는 떡잎부터 알아본다**고 했어. 분명 나가는 문이 여기 있을거야!

② **될성부른 나무는 떡잎부터 알아본다**더니, 그 가수는 어렸을 때부터 노래를 잘하기로 동네에 소문이 자자했대.

3 속담을 넣어 나만의 문장을 써 보세요.

_____

_____

4 반대 표현을 따라 쓰고, 그 뜻을 알아 보세요.

못된 송아지 엉덩이에 뿔 난다

뜻 사람답지 못한 사람이 더욱 못되게 군다는 말이에요.

17 ㄱㄱ ㅉㅇ 것은 대어 보아야 안다

해설 영상

뜻 크고 작고, 이기고 지고, 잘하고 못하는 것은 실제로 겨루어 보거나 겪어 보아야 알 수 있다는 말이에요.

#실력
#겨루기

여러분은 토끼와 거북이의 경주 이야기를 알고 있나요? 빨리 달리는 토끼가 느릿느릿한 거북이에게 질 줄 누가 생각이나 했겠어요? 하지만 경주를 해보니, 결국 거북이가 이겼지요. 이처럼 잘하고 못하는 것은 실제로 겨루어 보거나 겪어 보아야 확실히 알 수 있어요.

낱말 익힘
대다 견주어 크기나 우열 따위를 가리다.
경주 일정한 거리를 달려 빠르기를 겨루는 일.

1 속담을 큰 소리로 읽고 바르게 쓰세요.

| 길 | 고 | ∨ | 짧 | 은 | ∨ | 것 | 은 | ∨ | 대 | 어 | ∨ |
| 보 | 아 | 야 | ∨ | 안 | 다 | | | | | | |

| 길 | 고 | ∨ | 짧 | 은 | ∨ | 것 | 은 | ∨ | 대 | 어 | ∨ |
| 보 | 아 | 야 | ∨ | 안 | 다 | | | | | | |

| | | ∨ | | | ∨ | | | ∨ | | | ∨ |
| | | | ∨ | | | | | | | | |

2 속담을 바르게 사용한 문장을 고르세요.

① **길고 짧은 것은 대어 보아야 안다** 더니, 어떻게 거북이가 달리기에서 토끼를 이겼지?

② **길고 짧은 것은 대어 보아야 안다** 더니, 오늘까지 숙제를 해 온다고 약속해 놓고 어기면 어떡해.

3 속담을 넣어 나만의 문장을 써 보세요.

4 반대 표현을 따라 쓰고, 그 뜻을 알아 보세요.

도토리 키 재기

> **뜻** 정도가 비슷비슷한 사람끼리 서로 다투거나, 정도가 비슷비슷하여 견주어 볼 필요가 없다는 말이에요.

18 ㄷㅈ 밑이 어둡다

해설 영상

뜻   가까이에 있는 것을 도리어 잘 알기 어렵다는 뜻이에요.

#믿음
#소중함

'등잔'은 옛날에 기름을 담아 불을 켜던 도구예요. 등잔불은 주위를 환하게 밝히지만, 등잔 바로 밑은 그늘이 져서 어둡지요. 등잔 아래 바늘이 떨어지면 찾기 어려운 것도 이 때문이에요. 이처럼 소중한 것은 늘 가까이 있지만 우리는 그것을 알아보지 못할 때가 많은데, 그때 이 속담을 써요.

1 속담을 큰 소리로 읽고 바르게 쓰세요.

| 등 | 잔 | ∨ | 밑 | 이 | ∨ | 어 | 둡 | 다 | | |

| 등 | 잔 | ∨ | 밑 | 이 | ∨ | 어 | 둡 | 다 | | |

| 등 | 잔 | ∨ | 밑 | 이 | ∨ | 어 | 둡 | 다 | | |

| | | ∨ | | | ∨ | | | | | |

2 속담을 바르게 사용한 문장을 고르세요.

① **등잔 밑이 어둡다** 더니, 바로 발밑에 떨어진 양말을 한참이나 찾았네.
② 내가 힌트를 그렇게 많이 줬는데 하나도 못 맞히고. 너 정말 **등잔 밑이 어둡구나**?

3 속담을 넣어 나만의 문장을 써 보세요.

_____

_____

4 비슷한 표현을 따라 쓰고, 그 뜻을 알아 보세요.

등하불명   燈 등불 등 下 아래 하 不 아니 불 明 밝을 명

뜻 등잔 밑이 어둡다는 뜻으로, 가까이 있는 것을 더 알지 못한다는 말이에요.

57

19 빈 ㅅㄹ가 요란하다

해설 영상

뜻 실속 없는 사람이 겉으로 더 떠들어 대는 것을 비유하는 말이에요.

#실력
#허세

수레는 바퀴를 달아 물건이나 사람을 실을 수 있게 만든 것이에요. 수레가 가득 차 있으면 크게 흔들리지 않지만, 수레가 비어 있으면 바퀴가 구를 때마다 덜컹덜컹 큰 소리가 나지요. 사람도 마찬가지예요. 속에 든 것이 없어 잘 알지 못하는 사람일수록 아는 체하고 더 잘난 척을 하지요. 한자성어로는 '허장성세(虛張聲勢, 빌 허, 베풀 장, 소리 성, 형세 세)'라고 해요.

낱말 익힘

요란하다 시끄럽고 떠들썩하다.
잘난 척하다 능력이 없는데도 있는 것처럼 꾸미다.

1 속담을 큰 소리로 읽고 바르게 쓰세요.

| 빈 | ∨ | 수 | 레 | 가 | ∨ | 요 | 란 | 하 | 다 | | |

| 빈 | ∨ | 수 | 레 | 가 | ∨ | 요 | 란 | 하 | 다 | | |

| 빈 | ∨ | 수 | 레 | 가 | ∨ | 요 | 란 | 하 | 다 | | |

| | ∨ | | | | ∨ | | | | | | |

2 속담을 바르게 사용한 문장을 고르세요.

① 공부는 꼴지만 하던 네가 축구를 잘할 줄 누가 알았니? `빈 수레가 요란하다` 더니 말야.

② 피아노를 잘 친다고 하도 자랑을 하길래, 정말 대단한 줄 알았지 뭐야! `빈 수레가 요란하다` 더니, 그말이 딱 맞네.

3 속담을 넣어 나만의 문장을 써 보세요.

---

4 반대 표현을 따라 쓰고, 그 뜻을 알아 보세요.

벼 이삭은 익을수록 고개를 숙인다

뜻 학문과 덕이 높고 생각이 깊은 사람일수록 자신을 낮추고 겸손하게 행동한다는 말이에요.

20. 미꾸라지 한 마리가 온 웅덩이를 흐려 놓는다

해설 영상

뜻 한 사람의 좋지 않은 행동이 그 집단 전체나 여러 사람에게 나쁜 영향을 미침을 비유하는 말이에요.

#나쁜 영향

미꾸라지는 개울 바닥 개흙을 헤엄쳐 다녀요. 온몸을 좌우로 흔들며 말이지요. 그래서 미꾸라지가 헤엄치면 바닥에 가라앉아 있던 흙이 일어 깨끗했던 개울물이 금세 뿌예지지요. 사람들도 마찬가지예요. 한 사람이 잘못된 행동을 하면 전체 여러 사람에게 나쁜 영향을 미쳐요.

낱말 익힘
개흙 개울 바닥에 있는 미끈하고 고운 흙.
웅덩이 움푹 파여 물이 괴어 있는 곳.

1 속담을 큰 소리로 읽고 바르게 쓰세요.

| 미 | 꾸 | 라 | 지 | ∨ | 한 | ∨ | 마 | 리 | 가 | ∨ | 온 |
| ∨ | 웅 | 덩 | 이 | 를 | ∨ | 흐 | 려 | ∨ | 놓 | 는 | 다 |

| 미 | 꾸 | 라 | 지 | ∨ | 한 | ∨ | 마 | 리 | 가 | ∨ | 온 |
| ∨ | 웅 | 덩 | 이 | 를 | ∨ | 흐 | 려 | ∨ | 놓 | 는 | 다 |

| | | | | ∨ | | ∨ | | | | ∨ | |
| ∨ | | | | | ∨ | | | ∨ | | | |

2 속담을 바르게 사용한 문장을 고르세요.

① 동생이 그림을 망쳐놔서 속상하지만 어떡하겠어. 미꾸라지 한 마리가 온 웅덩이를 흐려 놓는다 잖아!

② 미꾸라지 한 마리가 온 웅덩이를 흐려 놓는다 더니, 민재가 전학 온 후로 반 아이들이 모두 장난꾸러기가 되었어.

3 속담을 넣어 나만의 문장을 써 보세요.

4 비슷한 표현을 따라 쓰고, 그 뜻을 알아 보세요.

어물전 망신은 꼴뚜기가 시킨다

뜻 못난 사람이 동료를 망신시킨다는 말이에요.

빈칸에 들어갈 낱말을 보기에서 골라 속담을 완성하세요.

보기	처마	등잔	마차	수레	개구리
	지붕	우물	등불	웅덩이	미꾸라지

1  ☐ 밑이 어둡다

2  빈 ☐ 가 요란하다

3  ☐ 한 마리가
온 ☐ 를 흐려 놓는다

다음 질문에 알맞은 답을 고르세요.

4 "길고 짧은 것은 대어 보아야 안다"의 뜻으로 알맞은 것은 무엇일까요?

① 가까이에 있는 것을 도리어 잘 알기 어렵다는 뜻이에요.

② 잘될 사람은 어려서부터 남달리 장래성이 엿보인다는 말이에요.

③ 잘하고 못하는 것은 실지로 겨루어 보거나 겪어 보아야 알 수 있다는 말이에요.

5 "빈 수레가 요란하다"와 반대되는 뜻을 가진 속담은 무엇일까요?

① 도토리 키 재기

② 못된 송아지 엉덩이에 뿔 난다

③ 벼 이삭은 익을수록 고개를 숙인다

6 "될성부른 나무는 떡잎부터 알아본다"에서 "될성부르다"의 뜻으로 알맞은 것은 무엇일까요?

① 무엇이 잘되다.

② 잘될 가망이 있어 보이다.

③ 먹은 것이 많아 꽉 찬 느낌이 있다.

해와 바람

어느 날 바람이 해를 찾아와 으스댔어요.
"네가 아무리 힘이 세도 나한테는 못 당할 걸? 나는 이 세상에서 가장 힘이 세거든!"
해는 웃기만 했어요.
"내가 콧바람만 불어도 나무가 휘청거리고, 한숨 한 번에는 바다에 큰 파도가 인다고!"
그러자 해가 이렇게 말했어요.
"그렇다면 우리 누가 더 힘이 센지 내기를 해볼까? 저 나그네의 외투를 먼저 벗기는 쪽이 이기는 것으로 하자."
"좋아! 분명 내가 이길 걸!"
바람의 의기양양한 모습에 해는 부드럽게 웃으며 이렇게 말했어요.
"길고 짧은 건 대어 보아야 안다고 했어. 누가 이길지는 겨뤄 봐야 알지!"
먼저 바람이 숨을 모았다가 내뿜었어요. 나그네의 모자가 날아갈 뻔했어요. 그러자 바람은 더 힘껏 바람을 내뿜었어요. 나그네는 모자를 꽉 부여잡았어요. 바람은 볼을 더 빵빵하게 부풀려서 바람을 불었지요. 하지만 나그네는 더 단단히 옷깃을 여몄어요.
"이번에는 내가 해볼게!"
해가 온화한 미소를 띠며 햇살을 내렸어요. 나그네의 이마에 땀이 송글송글 맺혔어요. 해는 더욱 따뜻한 햇살을 내렸지요. 그러자 나그네는 모자를 벗어 부채질했어요. 이렇게 뜨거운 햇살이 계속 내리쬐자 얼마 지나지 않아 나그네는 외투를 벗어버렸답니다. 내기에서 진 바람은 부끄러워서 멀리 달아났어요.

부록

도움 답안
&
초성퀴즈 속담카드

초성퀴즈 도움 답안

1주

1일 ②
2일 ②
3일 ②
4일 ②
5일 ②

어휘력 쑥쑥 속담 문제 1
1. 호랑이 2. 새, 쥐 3. 되, 말
4. ① 5. ② 6. ①

2주

6일 ①
7일 ①
8일 ②
9일 ①
10일 ①

어휘력 쑥쑥 속담 문제 2
1. 가재, 게 2. 바늘, 실 3. 윗물, 아랫물
4. ② 5. ② 6. ③

3주

11일 ②
12일 ①
13일 ②
14일 ①
15일 ①

어휘력 쑥쑥 속담 문제 3
1. 도둑, 발 2. 도끼, 발등 3. 콩, 메주
4. ② 5. ① 6. ③

4주

16일 ②
17일 ①
18일 ①
19일 ②
20일 ②

어휘력 쑥쑥 속담 문제 4
1. 등잔 2. 수레 3. 미꾸라지, 웅덩이
4. ③ 5. ③ 6. ②

초성퀴즈 속담카드

가는 ㅁ이 고와야
오는 ㅁ이 곱다

ㅁ 한마디에
천 냥 ㅂ도 갚는다

ㅎㄹㅇ도
제 ㅁ 하면 온다

ㄴㅁ은 ㅅ가 듣고
ㅂㅁ은 ㅈ가 듣는다

말 한마디에 천 냥 빚도 갚는다

뜻: 말을 잘하면 어려운 일도 해결할 수 있다는 뜻이에요.

가는 말이 고와야 오는 말이 곱다

뜻: 내가 남에게 잘해야 남도 나에게 잘한다는 뜻이에요.

낮말은 새가 듣고 밤말은 쥐가 듣는다

뜻: 비밀이라고 해도 반드시 남의 귀에 들어가게 되므로 항상 말조심하라는 뜻이에요.

호랑이도 제 말 하면 온다

뜻: 어느 곳에서나 그 자리에 없다고 남을 흉보아서는 안 된다는 뜻이에요.

ㄷ로 주고 ㅁ로 받는다

ㅇㅁ이 맑아야 ㅇㄹㅁ이 맑다

가지 많은 ㄴㅁ에 ㅂㄹ 잘 날 없다

ㄱㅈ는 ㄱ 편

윗물이 맑아야 아랫물이 맑다

뜻: 윗사람이 먼저 바르게 행동해야 아랫사람도 본받아 잘한다는 뜻이에요.

되로 주고 말로 받는다

뜻: 조금 주고 그 대가로 몇 곱절이나 많이 되돌려 받는다는 뜻이에요.

가재는 게 편

뜻: 모양이나 형편이 서로 비슷한 것끼리 서로 잘 어울리고, 사정을 보아주며 감싸 주기 쉽다는 뜻이에요.

가지 많은 나무에 바람 잘 날 없다

뜻: 자식을 많이 둔 어버이에게는 근심, 걱정이 끊일 날이 없다는 뜻이에요.

ㅂㄴ 가는 데 ㅅ 간다

ㅂㅈㅈ도 맞들면 낫다

ㄷㄷ이 제 ㅂ 저리다

믿는 ㄷㄲ에 ㅂㄷ 찍힌다

백지장도 맞들면 낫다

뜻 아무리 쉬운 일이라도 서로 힘을 합하면 훨씬 쉽다는 말이에요.

바늘 가는 데 실 간다

뜻 서로 친밀한 사이를 뜻하는 말이에요.

믿는 도끼에 발등 찍힌다

뜻 잘되리라고 믿고 있던 일이 잘못되거나, 믿고 있던 사람이 배반하여 오히려 해를 입는 것을 비유하는 말이에요.

도둑이 제 발 저리다

뜻 죄를 지은 사람은 자기 죄가 드러날까봐 두려워하다가, 결국은 자기도 모르는 사이 그것을 드러내게 된다는 말이에요.

ㅋ으로 ㅁㅈ를 쑨다 하여도 곧이듣지 않는다

누워서 ㅊ 뱉기

ㄸ 묻은 ㄱ가 ㄱ 묻은 ㄱ 나무란다

될성부른 ㄴㅁ는 ㄸㅇ부터 알아본다

누워서 침 뱉기

뜻 남을 해치려고 하다가 도리어 자기가 해를 입는 것을 비유하는 말이에요.

콩으로 메주를 쑨다 하여도 곧이 듣지 않는다

뜻 아무리 사실대로 말하여도 믿지 않음을 비유하는 말이에요.

될성부른 나무는 떡잎부터 알아본다

뜻 잘될 사람은 어려서부터 남달리 장래성이 엿보인다는 뜻이에요.

똥 묻은 개가 겨 묻은 개 나무란다

뜻 자기는 더 큰 흉이 있으면서 도리어 남의 작은 흉을 보는 것을 비유하는 말이에요.

ㄱㄴ ㅉㅇ 것은 대어 보아야 안다

ㄷㅈ 밑이 어둡다

빈 ㅅㄹ가 요란하다

ㅁㄲㄹㅈ 한 마리가 온 웅덩이를 흐려 놓는다

등잔 밑이 어둡다

뜻 가까이에 있는 것을 도리어 잘 알기 어렵다는 뜻이에요.

길고 짧은 것은 대어 보아야 안다

뜻 크고 작고, 이기고 지고, 잘하고 못하는 것은 실제로 겨루어 보거나 겪어 보아야 알 수 있다는 말이에요.

미꾸라지 한 마리가 온 웅덩이를 흐려 놓는다

뜻 한 사람의 좋지 않은 행동이 여러 사람에게 나쁜 영향을 미침을 비유하는 말이에요.

빈 수레가 요란하다

뜻 실속 없는 사람이 겉으로 더 떠들어 대는 것을 비유하는 말이에요.